Fulan Bin Fulan

Die Absicht

300 Absichten für Allah. Eine praktische Anleitung
zur Perfektionierung der Niyyah.

2020 Fulan Bin Fulan

Herstellung und Verlag: BoD – Books on Demand,
Norderstedt

ISBN: 978-3-7504-6031-7

VORWORT

Alles Lob gebührt Allah, dem absolut Unabhängigen, von dem alles abhängt, der den Propheten, Sallallahu alaihi wa sallam, sinngemäss sagen liess: „Die Taten sind entsprechend den Absichten, und jedem Menschen gebührt, was er beabsichtigt hat." (Riyad us-Salihin)

Allah schaut in die Herzen, weil das Herz der Ort der Absicht ist. Nicht nur deine Ibadat, sondern auch ganz Alltägliches kannst du durch deine Absicht zu einer guten Tat machen, die Allah liebt. Und für eine gute Tat kann dein Herz gleichzeitig mehrere gute Absichten haben. Dies multipliziert den Lohn für deine gute Tat. Aber das Ziel ist Allah, nicht der Lohn Allahs.

Der eine legt sich ins Bett und schläft ein. Der andere liegt mit der Absicht ins Bett, seinem Körper sein Recht zu geben und sich für die Ibadat zu stärken, und schläft ein während er Dhikr macht. Sein Schlaf ist mehrfach eine gute Tat.

In die aufrichtige Absicht für Allah alleine kann sich schnell und unbemerkt eine weniger gute Absicht einschleichen. Wie zum Beispiel Augendienerei. Achte deshalb immer auf dein Herz. Welche Absicht befindet sich dort wirklich?

Bitte Allah oft um absolute Aufrichtigkeit Ihm gegenüber, und um Schutz vor schlechten Absichten. Bitte Allah um Hilfe beim Perfektionieren deiner Absichten.

Dieses Büchlein ist in drei Teile aufgeteilt: Ibadat, Familie und Broterwerb. Jeder Teil listet zu typischen Taten mehrere mögliche Absichten auf.

Im Text werden arabische Begriffe wie Taqwa oder Zuhd verwendet. Sie werden im Glossar beschrieben. Um den Text flüssig zu halten wird die männliche Form verwendet. Dies schliesst Frauen und Männer mit ein.

Zürich, Frühling 2020

TEIL 1 – IBADAT

„Und Ich habe die Dschinn und die Menschen nur darum erschaffen, damit sie Mir dienen." (Quran, Surah 51, Ayah 56)

Der Prophet, Sallallahu alaihi wa sallam, hat sinngemäss gesagt: „Die von Allah am meisten geliebten Taten sind die regelmässigen, selbst wenn sie nur gering sind." (Sahih Buchari)

Suche mit allen Ibadat Allahs Angesicht, Seine Zufriedenheit mit dir, und Seine Nähe. Sei Allah dankbar für jede deiner Ibadat, denn deine Ibadat sind ein Geschenk von Allah an dich.

„Wenn ihr dankbar seid, so will Ich euch wahrlich mehr geben." (Quran, Surah 14, Ayah 7)

„Was wird Allah aus eurer Bestrafung machen, wenn ihr dankbar seid und glaubt? Und Allah ist Dankend, Allwissend." (Quran, Surah 4, Ayah 147)

Lernen

Jeder Mensch ist verpflichtet so viel zu lernen, dass er genug weiss, um die Ibadat verrichten zu können, die uns Allah als Pflicht auferlegt hat. Lerne indem du im Leben anwendest.

1. Lerne etwas, zum Beispiel eine Dua aus Kitab al-Adhkar von Imam Nawawi.
2. Praktiziere das Gelernte, bis es ein Teil von dir ist.
3. Dann lerne etwas Neues.

Beabsichtige vor dem Lernen
- dich selber zu ermahnen und zum Guten anzuleiten,
- deine Fehler zu sehen und dich zu verbessern,
- das Gelernte in deinem Leben anzuwenden,
- das Gelernte an andere weiter zu geben, z.B. an deine Kinder,
- dich gegen Makr Allah zu schützen
- und Dua für die Ulama, deine Eltern und alle Muslime zu machen.

Einen Unterricht besuchen

Von einem Lehrer zu lernen hat mehr Baraka als aus Büchern zu lernen. Am besten liest du ein Buch mit einem Lehrer, zum Beispiel ein Buch über die Aqida oder die Ibadat. Von deinem Lehrer lernst du viel mehr als nur das Wissen aus dem Buch. Sein guter Adab, seine

Taqwa, seine Bescheidenheit und sein Zuhd färben auf dich ab.

Beabsichtige beim Besuchen eines Unterrichts
- bescheiden zu sein und besten Adab gegenüber dem Lehrer und den anderen Schülern zu zeigen,
- ruhig und konzentriert zuzuhören, so dass Allah dich das Gehörte verstehen und anwenden lässt,
- dir Notizen ins Buch zu machen über wichtige Punkte, die der Lehrer erwähnt,
- und Dua für die Lehrer und die anderen Schüler zu machen.

Sünden vermeiden
„Oh ihr, die ihr glaubt, fürchtet Allah und seid mit den Wahrhaftigen." (Quran, Surah 9, Ayah 119)

Wenn du Allah fürchtest ist dies ein Zeichen, dass Allah dich liebt. Danke Allah dafür.

Beabsichtige
- nie mehr bewusst eine Sünde zu begehen,
- nie mehr zu lügen,
- nie mehr schlecht über jemand anders zu sprechen,
- Allah oft um Vergebung zu bitten,
- anderen sofort zu vergeben
- und zu machen was Allah liebt und zu vermeiden was Allah nicht liebt.

In die Moschee gehen
In dem Ort, in dem ich lebe, gibt es eine kleine Moschee in einem alten Haus. Früher kam einmal pro Woche ein Araber, der die Moschee aufgeräumt und geputzt hat.

Die Böden, die Toilette, die Küche, alles und gründlich. Er hat wenig gesprochen, viel Dhikr gemacht, ist früh schlafen gegangen und jede Nacht zum Gebet aufgestanden. Er war ein Zahid. Er hat viel gegeben und wenig für sich selbst genommen. Und er hat den Muslimen geholfen, wie er nur konnte. Hat Allah dem Araber womöglich das alles gegeben, weil er sich um die Moschee gekümmert hat?

Beabsichtige, wenn du in die Moschee gehst,
- dich ganz auf Allah zu konzentrieren,
- Tauba zu machen,
- mit irgendetwas in der Moschee zu helfen oder etwas Geld in die Spendenkasse herunter zu lassen, denn wer ein bisschen hilft, erhält den Lohn des Ganzen, für jedes Gebet, das in dieser Moschee verrichtet wird.
- Beabsichtige die Dschamat beim Gemeinschafts-Gebet zu vergrössern,
- den anderen Muslimen zu helfen und ihnen Schwierigkeiten abzunehmen,
- Itikaf zu machen,
- aufzulesen was du an Dreck auf dem Boden findest,
- die Toilette zu putzen, die Giesskanne zu füllen, Toilettenpapier zu bringen und das Handtuch zu wechseln,
- dankbar zu sein für die Moschee und die Freiheit, die Ibadat verrichten zu können.

Das Gebet verrichten

„Ihr Lohn bei ihrem Herrn sind die Gärten von Eden, durcheilt von Bächen; ewig und immerdar werden sie darin verweilen. Allah ist mit ihnen zufrieden und sie sind zufrieden mit Ihm. Dies ist für den, der seinen Herrn fürchtet." (Quran, Surah 98, Ayah 8)

Dein Gebet ist ein Massstab an dem du ablesen kannst, wo du mit Allah stehst. Wo sind deine Gedanken während dem Gebet? Was fühlt dein Herz?

Ohne die richtige Absicht ist das Gebet ungültig. Es ist deshalb wichtig, dass du die Absicht für das Gebet gemäss deiner Madhab lernst.

Den Miswak benutzen

Der Prophet, Sallallahu alaihi wa sallam, hat sinngemäss gesagt: „Wäre es keine Härte von mir für meine Ummah gewesen, hätte ich ihnen zur Pflicht gemacht, dass sie den Miswak vor jedem Gebet benutzen." (Sahih Buchari)

Beabsichtige,
- der Sunnah des Propheten zu folgen, Sallallahu alaihi wa sallam,
- den Mund zu reinigen für Gebet, Quran und Dhikr
- und keinen Mundgeruch zu haben. Gegen Mundgeruch hilft es mit dem Miswak neben den Zähnen auch die Zunge zu putzen, sowie ab und zu für einige Minuten eine Gewürznelke im Mund zu behalten.

Diese Absichten gelten auch für das Zähneputzen mit Zahnbürste und Zahnpasta. So wird jedes Zähneputzen zu einer guten Tat.

Wudhu machen

Beabsichtige beim Wudhu machen

- eine Ibadat zu verrichten,
- Hudur al-Qalb während dem Wudhu zu haben, so dass Allah dir Hudur al-Qalb im Gebet gibt,
- alle Sunnahs des Wudhu zu machen und am Tag der Auferstehung zu denen mit leuchtenden Gesichtern und weissen Gliedern zu gehören
- und durch das Tor des Wudhu ins Paradies zu gehen.
- Beabsichtige guten Adab zu haben, den Wudhu-Platz sauber zu verlassen
- und den ganzen Tag Wudhu zu halten.

Schöne Kleider beim Gebet tragen

Du stehst vor Allah, wenn du im Gebet vor Allah stehst.

Kannst du dir vorstellen, dass ein Alim in T-Shirt und Trainerhose betet? Eher nicht. Er trägt seine besten Kleider, die sauber sind und die Aurah bedecken. Schlicht, sauber und elegant.

Beabsichtige

- dich für das Gebet gut zu kleiden,
- dem Beispiel des Propheten zu folgen, Sallallahu alaihi wa sallam,
- und die Ulama und die Rechtschaffenen zu imitieren.

Zum Gebet rufen

Beabsichtige beim Gebetsruf (Adhan und Iqama)

- eine Ibadat zu verrichten,
- die Schahada zu sagen,

- Dhikr zu machen,
- andere zu ermutigen das Gebet zu verrichten,
- den Munkar zu verbieten, das Gebet nicht zu machen,
- das Gute zu gebieten und den Muslimen zu helfen Gutes zu tun,
- dein Wissen im Alltag anzuwenden
- und der Sunnah des Propheten, Sallallahu alaihi wa sallam, zu folgen.

Hände schütteln
Beabsichtige beim Hände schütteln
- der Sunnah des Propheten zu folgen, Sallallahu alaihi wa sallam, und die Sunnah des Händeschüttelns zu beleben,
- zu lächeln,
- bescheiden zu sein,
- zu fragen, wie es dem anderen geht
- und den anderen Schwierigkeiten abzunehmen.

Zur Moschee hinausgehen
Beabsichtige beim Verlassen der Moschee draussen in der Welt
- die Augen und das Herz zu schützen
- und Nur – Licht – aus dem Gebet in die Welt hinauszutragen.

Eine Tasbih besitzen
„Es sind jene, die glauben und deren Herzen Trost finden im Gedenken an Allah. Wahrlich, im Gedenken an Allah werden die Herzen ruhig." (Quran, Surah 13, Ayah 28)

Beabsichtige, dass deine Tasbih dir hilft Gutes zu tun,

- Klarheit mit Allah zu haben und die Ruhe in deinem Herzen zu finden, die Allah im Quran erwähnt,
- zu denen zu gehören, die oft Dhikr machen,
- jeden Atemzug für gute Taten zu nutzen
- und die Rechtschaffenen zu imitieren.

Dhikr machen

„Wisse, dass kein Gott da ist ausser Allah." (Quran, Surah 47, Ayah 19)

Ein Zeichen, dass du Allah liebst, ist dass du seinen Dhikr liebst.

Beabsichtige beim Dhikr Allah, nur Allah. Beabsichtige

- nicht zu denken,
- sondern Gefühle wie Liebe, Dankbarkeit, Freude, Ergebenheit, Bedürftigkeit, Hoffnung, Furcht oder Ehrfurcht im Herzen zu haben.
- Beabsichtige, dass Allah den Schleier der Achtlosigkeit von deinem Herzen entfernt,
- und beabsichtige verschiedene Duas und Dhikr des Propheten, Sallallahu alaihi wa sallam, zu lernen und in deinen Alltag einzubauen.

Sei dir bewusst zu Wem du sprichst, wenn du Dhikr machst.

Salawat machen

Beabsichtige der Aufforderung Allahs zu folgen: „Wahrlich, Allah sendet Segnungen auf den Propheten, und Seine Engel bitten darum für ihn. Oh ihr, die ihr glaubt, bittet auch ihr für ihn und wünscht ihm Frieden in aller Ehrerbietung." (Quran Surah 33, Ayah 56)

Imam Dschazulis Buch Dalail al-Chairat und Imam Nawawis Buch Kitab al-Adhkar sind voll von Salawat-Formen. Eine der einfachsten Formen ist: „Allahumma salli ala Muhammad, Sallallahu alaihi wa sallam."

Beabsichtige für den Rest deines Lebens jede Nacht und jeden Tag viel Salawat zu machen, aus Liebe zum Propheten, Sallallahu alaihi wa sallam. Mach dies zu deiner Gewohnheit. Wenn du die Lippen schliesst sieht niemand, dass deine Zunge Salawat macht. Es ist zwischen dir und Allah.

Quran lesen
„Dies ist das Buch Allahs, das keinen Anlass zum Zweifel gibt, es ist eine Rechtleitung für die Gottesfürchtigen." (Quran, Surah 2, Ayah 2)

Beabsichtige beim Quran-Lesen
- dir bewusst zu machen, dass die Achira besser und wichtiger ist als die Dunya,
- auf jeder Seite mindestens einmal Tauba zu machen für das, wovor Allah uns auf dieser Seite warnt
- und auf jeder Seite mindestens einmal Dua zu machen für die perfekten Eigenschaften, die Allah liebt.

Beabsichtige den Quran nicht zu vernachlässigen,
- der Baia zu folgen, und jede Nacht und jeden Tag Quran zu lesen, selbst wenn es nur wenig ist,
- zu den Leuten des Qurans zu gehören,

- den Quran nach den Regeln des Tadschwid zu rezitieren,
- den Quran mit schöner Stimme zu rezitieren,
- das auswendig Gelernte zu festigen,
- arabische Wörter, die du immer wieder liest, nachzuschlagen
- und die Bedeutung des Qurans in deiner Sprache nachzulesen.

Beabsichtige Allahs Worte als Ermahnung zu nehmen,
- Rechtleitung zu suchen,
- Weisheit zu erlangen,
- deine Zeit für gute Taten zu nutzen
- und Kenntnis der Güte Allah zu erhalten.

Lies den Quran von einem Mushaf, nicht vom Telefon.

Zum Tahadschud-Gebet aufstehen
"Und einen Teil der Nacht, verbringe ihn damit, zusätzlich für dich. Vielleicht wird dich dein Herr zu einer lobenswerten Rangstellung erwecken." (Quran, Surah 17, Ayah 79)

Der Gesandte Allahs, Sallallahu alaihi wa sallam, sagte sinngemäss: „Unser Herr, der Segensreiche und Erhabene, begibt sich Gnädig in jeder Nacht zum Himmel dieser Welt, wenn das letzte Drittel der Nacht übrigbleibt, und sagt: Wer ruft Mich, so dass Ich ihn erhöre? Wer bittet Mich, so dass Ich ihm gebe? Wer verlangt Vergebung von Mir, so dass Ich ihm vergebe?" (Sahih Buchari)

Wenn du in der Nacht mit Allah bist, ist Allah mit dir während dem Tag.

Beabsichtige beim Tahadschud
- Allah,
- auf den Propheten, Sallallahu alaihi wa sallam, zu hören und eine Sunnah zu beleben,
- Allah zu danken und ihm zu sagen, dass du ihn liebst,
- Tauba zu machen,
- Ichlas zu haben mit Allah,
- den Quran zu rezitieren,
- Dua zu machen mit Liebe zu Allah und Furcht vor Allah, und dass deine Dua in die Stunde der Akzeptanz fällt,
- Dua zu machen für die Muslime und die Nichtmuslime,
- Dhikr zu machen
- und dem Beispiel der Aulia zu folgen und von Allah Wilayat ul-Chassah zu erhalten.

Das Gute gebieten und das Schlechte verbieten

„Und aus euch soll eine Gemeinde werden, die zum Guten einlädt und das gebietet, was Rechtens ist, und das Unrecht verbietet; und diese sind die Erfolgreichen." (Quran, Surah 3, Ayah 104)

Der Prophet, Sallallahu alaihi wa sallam, hat sinngemäss gesagt: „Wer etwas Übles sieht, soll es mit seiner Hand ändern, und wenn er dies nicht kann, so soll er es mit seiner Zunge ändern, und wenn er dies nicht kann, dann mit seinem Herzen, und dies ist die schwächste Form des Glaubens." (Riyad us-Salihin)

Er, Sallallahu alaihi wa sallam, hat auch sinngemäss gesagt: „Wenn die Leute jemanden unrecht handeln sehen und ihn nicht davon zurückhalten, ist es nur gerecht, wenn Allah sie alle straft." (Riyad us-Salihin)

Er hat aber auch sinngemäss gesagt, Sallallahu alaihi wa sallam: „Derjenige von euch, der um Rechtleitung bittet und dazu aufruft, Gutes zu tun, wird die gleiche Belohnung erhalten wie diejenigen, die ihm folgen und Gutes tun, und dies wird ihre Belohnung um nichts schmälern. Ebenso wird derjenige, der die Leute zu bösen Taten aufruft, die gleiche Bestrafung erhalten wie diejenigen, die ihm gefolgt sind, ohne dass die anderen deshalb weniger bestraft werden." (Riyad us-Salihin)

Beabsichtige beim Gebieten des Guten und Verbieten des Schlechten,
- dass Allah dir deine Fehler zeigt und du dafür Tauba machst,
- dir selbst zu nützen, und anderen, und etwas von den anderen zu lernen,
- deine Verantwortung wahrzunehmen,
- Wissen zu verbreiten
- und Ordnung und Disziplin zu schützen.

Sadaqa geben
Wenn du irgendwo vorbeikommst, wo für etwas Gutes gesammelt wird, gib etwas, auch wenn es nur eine kleine Münze ist. Wer ein bisschen hilft, erhält den Lohn für das Ganze.

Beabsichtige beim Sadaqa geben

- Allah näher zu kommen,
- dem Propheten zu folgen, Sallallahu alaihi wa sallam,
- dich im Diesseits vor Heimsuchungen und Prüfungen zu schützen, und im Jenseits vor dem Feuer,
- gegen deine Nafs und gegen Scheitan zu kämpfen,
- den Armen und Schwachen zu helfen und ihnen eine Freude zu machen.
- Beabsichtige die Familienbande zu stärken, wenn du Verwandten Sadaqa gibst.

Zakat, Fasten, Hadsch und Umrah

Die korrekte Absicht entscheidet, ob deine Spende Zakat, Sadaqa oder gar nichts ist. Auch beim Fasten, bei der Hadsch und der Umrah ist die Absicht entscheidend. Es ist deshalb wichtig, dass du die Absicht für Zakat, Fasten, Hadsch und Umrah in deiner Madhab lernst.

TEIL 2 – FAMILIE

„Wahrlich, Allah ist huldvoll gegen die Menschen, doch die meisten Menschen sind nicht dankbar." (Quran, Surah 2, Ayah 243)

Mit der Absicht der Sunnah des Propheten zu folgen, Sallallahu alaihi wa sallam, machst du aus Alltäglichem gute Taten die Allah liebt. Was zur Sunnah des Propheten gehört, Sallallahu alaihi wa sallam, findest du in Büchern wie Riyad us-Salihin.

Aufstehen
Was ist wichtig heute? Allah.
Tauba, Dhikr, Adab und Muraqaba.

Beabsichtige
- früh aufzustehen,
- deine Angelegenheiten früh zu beginnen, um Baraka darin zu finden,

- und die Dua des Propheten für das Aufstehen zu machen, Sallallahu alaihi wa sallam.

Duschen und Toilette

Beabsichtige im Badezimmer
- die Sunnahs des Propheten zu befolgen, Sallallahu alaihi wa sallam, die mit der Körperpflege und der Sauberkeit zu tun haben,
- Dhikr mit dem Herzen zu machen, nicht mit der Zunge,
- Taqwa zu haben, wenn du alleine bist so wie im Badezimmer,
- Allah dankbar zu sein, dass du ohne Schwicrigkeiten auf die Toilette gehen kannst
- und beabsichtige Ghusl zu machen, wenn du duschst.

Anziehen

Beabsichtige in deinen Kleidern bescheiden und Allah ergeben zu sein. Sei nicht arrogant und stolziere in deinen Kleidern nicht herum. Hassan al-Basri hat gesagt: „Weisst du was Bescheidenheit ist? Wenn du über jeden Muslim denkst, den du triffst, dass er besser ist als du."

Beabsichtige beim Anziehen
- die Aurah zu bedecken und Allahs Güte zu zeigen,
- dich so anzuziehen, dass die Aurah auch bedeckt ist, wenn du im Gebet in den Sudschud gehst,
- dankbar zu sein
- und der Sunnah des Propheten zu folgen, Sallallahu alaihi wa sallam.

Sich parfümieren

Beabsichtige, wenn du dich parfümierst

- der Sunnah des Propheten zu folgen, Sallallahu alaihi wa sallam,
- mit einem angenehmen Geruch in die Moschee zu gehen,
- die zu erfrischen, die in deiner Nähe sind, so dass sie gerne neben dir sitzen,
- keinen schlechten Geruch zu haben
- und Muslime zu unterstützen, die von der Herstellung oder dem Verkauf von Parfüm leben.

Sprechen

Der Prophet, Sallallahu alaihi wa sallam, hat sinngemäss gesagt: „Wer an Allah und den Jüngsten Tag glaubt, der soll Gutes sprechen oder schweigen." (Sahih Buchari)

Beabsichtigte beim Sprechen

- viel Dhikr zu machen,
- zu sagen was Allah liebt,
- nicht zu lügen,
- über niemanden etwas Schlechtes zu sagen,
- niemanden zu beleidigen,
- nicht über Sünden zu sprechen, weder über deine eigenen noch über die der anderen,
- nur Gutes zu sprechen oder zu schweigen,
- und nur zu sprechen, wenn sprechen besser ist als schweigen.

Zum Haus hinausgehen

Tue niemandem ein Unrecht an, denn der Prophet, Sallallahu alaihi wa sallam, hat sinngemäss gesagt: „Der Ärmste in meiner Ummah ist derjenige, der am Tag des

Gerichts mit einer guten Anzahl von Gebeten und Fasten und Zakat erscheinen wird, doch hat er auch jemanden misshandelt, jemanden verunglimpft, die Waren einer anderen Person unterschlagen, jemanden getötet oder eine andere Person geschlagen. Dann wird dem einen ein Teil seiner guten Taten gegeben, und dem anderen ein Teil seiner guten Taten gegeben. Und wenn seine guten Taten vergeben sind, bevor er Rechenschaft abgelegt hat, dann werden Sünden der ungerecht behandelten auf ihn übertragen, und er wird ins Feuer geworfen werden." (Riyad us-Salihin)

Sei mit Allah als gäbe es keine Leute, und sei mit den Leuten als hättest du keine Nafs.

Beabsichtige beim Verlassen des Hauses
- dem Beispiel des Propheten zu folgen, Sallallahu alaihi wa sallam, in allem was er in seinem Alltag gemacht hat,
- und widme dich voller Motivation den wichtigen Sachen: Tauba, Dhikr, Adab und Muraqaba.

Beabsichtige
- zu schweigen,
- den Körper ruhig zu halten,
- deinen Pflichten gegenüber Allah rasch nachzukommen,
- dich nicht gegen Allahs Willen aufzulehnen,
- auf die Güte Allahs zu vertrauen
- und die Rechte anderer Menschen bis ins kleinste Detail zu beachten.

Gehe bescheiden auf der Strasse, sei bescheiden im Umgang mit anderen Menschen, und beabsichtige

- Menschen zu versöhnen,
- die Fehler anderer Muslime zu verbergen,
- den Muslimen zu helfen und von den Muslimen zu lernen,
- Wissen zu erwerben, anzuwenden und es zu verbreiten
- und die Muslime als erster zu grüssen, ihren Gruss zu erwidern, zu lächeln, ihnen die Hand zu schütteln, sie zu fragen wie es ihnen geht und zu helfen, wenn dich jemand um Hilfe bittet.

Beabsichtige beim Verlassen des Hauses im Verlauf des Tages

- jemanden zu Allah einzuladen,
- den Quran zu rezitieren,
- Sadaqa zu geben,
- Dua zu machen für die Muslime,
- und Allah um Rechtleitung für die Nichtmuslime zu bitten.

Beabsichtige den Blick zu senken von dem was haram ist,

- die Augen, die Ohren, die Zunge und das Herz zu schützen,
- das Gute zu gebieten und das Schlechte zu verbieten,
- geduldig zu sein, wenn du von Allah geprüft wirst
- und das Übel anderer Leute mit Geduld zu ertragen.

Wenn du den Blick senkst, siehst du wo du hintrittst. Achte auf die Schnecken und Würmer.

Ausflüge machen

Beabsichtige mit Ausflügen

- deiner Familie, Freunden und Kindern eine Freude zu bereiten
- und der Nafs etwas zu geben und dafür von der Nafs Frische bei den Ibadat zu verlangen.

Beabsichtige unterwegs

- besten Adab zu haben,
- zuerst an die anderen zu denken, und erst dann an dich selbst,
- die Freundschaft zu deinen Gefährten zu stärken,
- die Freundschaft zwischen deinen Gefährten zu stärken,
- die Anzahl deiner Freunde zu vergrössern,
- zu lernen, wie du den anderen helfen kannst
- und die Fehler der anderen zu übersehen. Schreib deine eigenen Fehler und Sünden auf, damit du sie nicht vergisst und dich um sie kümmern kannst.

Ferien machen und Reisen

Gehe nur dorthin wo du den Lohn Allahs erwartest.

Beabsichtige

- über dich selbst und deine Situation nachzudenken,
- deinen Scheich zu besuchen,
- die Aulia zu besuchen
- und den Familienzusammenhalt zu stärken.

Beabsichtige

- bescheiden zu sein und nicht mit dem dicken Portemonnaie arrogant aufzutreten,

- in allen Situationen geduldig zu bleiben,
- den besten Adab zu zeigen,
- Adab zu lernen von den Menschen in den besuchten Ländern und von deinen Reisegefährten
- und den Armen und Schwachen zu helfen.

Gräber besuchen
Der Prophet, Sallallahu alaihi wa sallam, hat sinngemäss gesagt: „Wer die Gräber besuchen will, soll dies tun, denn sie erinnern uns an das Jenseits." (Riyad us-Salihin)

Beabsichtige beim Besuchen von Gräbern
- dich an den Tod, dein Grab und das Jenseits zu erinnern,
- für den Verstorbenen Dua zumachen, und für seine Familie und für alle Muslime,
- und für den Verstorbenen aus dem Quran zu rezitieren.

Zuhd haben
In dem Ort, in dem ich lebe, gibt es einen Mann der nur ein einziges Paar Schuhe und eine einzige Hose hat. Er spricht nicht viel und hat das strahlendste Lächeln weit und breit.

Zuhd bedeutet alles aufzugeben, was dich von Allah entfernt.

Beabsichtige
- von der Dunya nur das zu nehmen was du wirklich brauchst,

- und wegzugeben was du seit zwei Jahren nicht mehr verwendet hast.

Einkaufen

Kaufe gute Qualität und mach dir Gedanken vor dem Kauf, damit du das gleiche nicht immer wieder kaufen musst. So verschwenden wir weniger Ressourcen und produzieren weniger Abfall. Anderen zu Schaden ist haram.

Beabsichtige beim Einkaufen
- Dhikr zu machen unter den Achtlosen,
- nur zu kaufen, was du wirklich brauchst,
- Allah dankbar zu sein
- und nichts zu verschwenden.

Beabsichtige die Leute zu grüssen,
- beiseite zu lassen, was dich nichts angeht oder dich nicht betrifft,
- und das Gute zu gebieten und das Schlechte zu verbieten, auch wenn es nur mit dem Herzen ist.

Nach Hause gehen

Der Prophet, Sallallahu alaihi wa sallam, hat sinngemäss gesagt: „Der beste von euch ist der beste zu seiner Frau." (Tirmidhi)

Beabsichtige beim nach Hause gehen
- der Sunnah des Propheten zu folgen, Sallallahu alaihi wa sallam, und den Miswak zu benutzen, Dua zu machen und zu lächeln,
- Adab auf der Strasse zu haben,
- ein guter Nachbar zu sein,

- dich um die Kindererziehung zu kümmern,
- Dhikr zu machen,
- Wissen weiterzugeben,
- deinen Teil im Haushalt zu machen und das Haus sauber zu halten,
- Zeit mit deiner Frau zu verbringen,
- der beste zu seiner Frau zu sein
- und dich vor Heimsuchungen zu schützen indem du zu Hause bleibst.

Aufräumen
Beabsichtige
- dem Ehepartner ein Zuhause zu bereiten, in dem man gerne Zeit verbringt,
- die Kinder zur Mithilfe zu erziehen,
- dem Propheten zu folgen, Sallallahu alaihi wa sallam, der im Haushalt mitgeholfen hat,
- Sachen aus dem Weg zu räumen, so dass keine Gefahr besteht.

Bücher lesen
Beim Kaufen oder Lesen eines Buches beabsichtige
- davon für deine Achira zu profitieren,
- Gutes zu lernen,
- anderen zu helfen, wenn jemand dir eine Frage stellt,
- Wissen zu verbreiten,
- deine sprachliche Gewandtheit zu verbessern
- und dich von leerem Geschwätz fernzuhalten.

Trinken

Beabsichtige beim Trinken

- dich zu stärken für deine Pflichten gegenüber Allah und deinen Mitmenschen,
- für die Prüfungen durch Allah bereit zu sein,
- nur zu trinken was halal ist,
- gesund zu bleiben,
- Bismillah zu sagen und Allah zu danken
- und dich beim Trinken hinzusetzen, so wie es der Prophet getan hat, Sallallahu alaihi wa sallam.

Essen

Die Dua vor dem Essen zu rezitieren hilft dir, dich an die Absicht zu erinnern. Dies gilt für viele Sachen, nicht nur für die Absicht beim Essen. Baue die Duas des Propheten in deinen Alltag ein, Sallallahu alaihi wa sallam.

Beabsichtige beim Essen

- dich zu stärken für deine Pflichten gegenüber Allah und deinen Mitmenschen,
- deinem Körper sein Recht zu geben,
- Bismillah zu sagen und Allah zu danken – bei jedem Bissen,
- besten Adab beim Essen zu haben,
- Gutes zu sprechen während dem Essen und die Stimmung derjenigen zu heben, die mit dir essen,
- gesund zu bleiben
- und dem Propheten, Sallallahu alaihi wa sallam, zu folgen und vor dem Schlucken 15x zu kauen.

Sport treiben

Beabsichtige durch Sport

- gesund zu bleiben,
- auch im Alter noch Sudschud machen zu können,
- bereit zu sein für Prüfungen, die Allah dir in seiner Güte sendet,
- durch deine Kraft und Geschicklichkeit anderen helfen zu können,
- deine Körperhaltung zu verbessern und auf die Feinde Allahs einen fitten Eindruck zu machen,
- der Sunnah des Propheten zu folgen, Sallallahu alaihi wa sallam,
- attraktiv zu sein für deinen Ehepartner,
- deine Wehrhaftigkeit zu stärken
- und die Schwachen beschützen zu können.

Zu Besuch gehen und Besuch empfangen

Beabsichtige

- durch Besuche die Liebe und Bindung zwischen Verwandten und Freunden zu stärken,
- zu fragen wie es ihnen geht,
- den Gastgebern und ihren Kindern Freude zu bringen,
- sie um Dua zu bitten
- und den Gast zu ehren.

Kranke besuchen

Beabsichtige beim Besuchen eines Kranken

- dem Kranken sein Recht zu geben,
- der Aufforderung und dem Vorbild des Propheten zu folgen, Sallallahu alaihi wa sallam,
- Dua zu machen, dass der Kranke gesund wird,

- dem Kranken mit Aufgaben zu helfen, die er nicht erledigen kann, weil er im Bett liegt,
- dem Kranken eine Freude zu machen,
- ihm zuzuhören
- und nicht zu lange zu bleiben.

Uhr tragen

Der Prophet, Sallallahu alaihi wa sallam, wurde gefragt: „Welche Tat ist am besten?" Er antwortete: „Das Gebet am Anfang seiner Zeit." (Abu Dawud)

Beabsichtige durch das Tragen einer Uhr
- das Gemeinschaftsgebet in der Moschee zu erwischen,
- das Gebet am Anfang seiner Zeit zu verrichten,
- deine Zeit mit Ibadat zu planen
- und pünktlich zu sein.

Schlafen

Beabsichtige durch Schlaf
- deinem Körper sein Recht zu geben
- und dich für die Ibadat zu stärken.

Beabsichtige vor dem Schlafen
- Wudhu und Dhikr zu machen,
- für Tahadschud aufzustehen
- und das Morgengebet nicht zu verpassen.

Familie machen

Beabsichtige beim Familie machen
- deinem Ehepartner sein Recht zu geben,
- der Sunnah des Propheten zu folgen, Sallallahu alaihi wa sallam,

- rechtschaffenen Nachwuchs zu haben,
- der beste zu seiner Frau zu sein,
- den Islam an die nächste Generation weiterzugeben und nicht das Glied in der Kette zu sein, das bricht.

TEIL 3 - BROTERWERB

Der Prophet, Sallallahu alaihi wa sallam, hat sinngemäss gesagt: „Niemand hat besseres Essen gegessen als der, der vom Ertrag der Arbeit seiner Hände isst." (Sahih Buchari)

Einen Beruf lernen
Durch deine Absicht wird deine Schulzeit, deine Lehre, dein Studium oder deine Weiterbildung zu einer guten Tat für Allah.

Beabsichtige einen Beruf zu lernen
- der halal ist,
- nichts mit Riba, Alkohol oder anderem Haram zu tun hat,
- mit dem du niemandem schadest,
- mit dem du den Muslimen helfen kannst,
- bei dem du die Stärken einbringen kannst, die Allah dir geschenkt hat
- durch den du gesucht bist und immer Arbeit hast

- und mit dem du eine Fard Kifaya erledigen kannst.
- Beabsichtige anderen zu helfen, die denselben Beruf lernen oder dieselbe Ausbildung besuchen möchten.

Zur Arbeit fahren
Beabsichtige beim zur Arbeit Fahren
- beim Losfahren die Dua zum Reiten und beim Ankommen die Dua zum Rasten zu rezitieren,
- die Leute zu grüssen,
- Dhikr und Salawat zu machen oder zu lernen während der Fahrt,
- frühzeitig zu gehen, damit du keinen Stress hast,
- den Verkehrsregeln zu folgen,
- zuvorkommend zu fahren,
- die Fehler der anderen zu übersehen und ihnen zu vergeben
- und aggressives Verhalten der anderen Verkehrsteilnehmer mit Geduld zu ertragen.

Treppensteigen
Beabsichtige während dem Tag
- wann immer es geht die Treppe zu nehmen und nicht den Lift,
- wenig zu sitzen, oft zu stehen und zu gehen
- und durch Bewegung gesund zu bleiben und zu denen zu gehören, die ein langes Leben und gute Ibadat haben.

Arbeiten
Beabsichtige beim Arbeiten
- eine Fard Kifaya zu erledigen,
- den Lebensunterhalt halal zu verdienen,

- von der Arbeit deiner Hände essen zu können,
- nicht von Almosen abhängig zu sein,
- deine Pflicht zu erfüllen und für deine Familie zu sorgen,
- Familienbande zu pflegen, indem du durch das verdiente Geld Verwandten helfen kannst,
- Sadaqa zu geben,
- den Armen und Schwachen zu helfen,
- am Arbeitsplatz geduldig und tolerant zu sein, zu vergeben,
- zuerst an die anderen zu denken,
- den Gast zu ehren,
- das Gebet in der Moschee oder gemeinsam mit anderen Muslimen am Anfang seiner Zeit zu verrichten,
- das Gebet niemals zu unterlassen,
- Muslime zu beraten,
- gerecht zu sein und Ihsan zu haben gegenüber Allah und den anderen Menschen,
- das Gute zu gebieten und das Schlechte zu verbieten auf dem Marktplatz,
- und den anderen Muslimen das zu wünschen, was du für dich selbst wünschst.

Anderen helfen

Der Prophet, Sallallahu alaihi wa sallam, hat sinngemäss gesagt: „Wer einem Muslim eine Sorge von der Sorge dieser Welt nimmt, dem wird Allah eine Sorge von den Sorgen am Tag des Gerichts nehmen." (Sahih Muslim)

Beabsichtige
- anderen zu helfen und dabei dem Propheten zu folgen, Sallallahu alaihi wa sallam,

- zu deinem Wort zu stehen,
- zuverlässig zu sein,
- vertrauenswürdig zu sein und deinen Arbeitskollegen zu vertrauen,
- bescheiden zu sein,
- durch deine Freundlichkeit und deinen guten Adab eine angenehme Atmosphäre am Arbeitsplatz zu schaffen
- und anderen nicht unnötig Arbeit zu generieren.

Sitzungen halten

Dhun Nun al-Misri wurde gefragt: „Wer wird am meisten mit Problemen geplagt?" Er antwortete: „Der mit dem schlechtesten Charakter." Als er gefragt wurde: „Was ist das Zeichen schlechten Charakters?" Antwortete er: „Immer widersprechen."

Beabsichtige in Sitzungen
- nicht schlecht über andere zu sprechen,
- nicht laut zu werden, sondern sachlich und ruhig zu sprechen,
- zu lächeln,
- besten Adab zu zeigen,
- dich auf Sitzungen gut vorzubereiten
- und dich mit voller Aufmerksamkeit demjenigen zuzuwenden, der zu dir spricht. So wie es der Prophet getan hat, Sallallahu alaihi wa sallam.

Am Arbeitsplatz lernen

Beabsichtige, wenn du am Arbeitsplatz Zeit hast, die Zeit nicht mit Internet zu verschwenden, sondern
- etwas zu lernen, das dir in deinem Beruf etwas bringt,

- etwas zu lernen, das die Firma weiterbringt,
- in der Firma etwas zu analysieren, damit du es besser, einfacher, schneller, effektiver oder günstiger machen kannst,
- und dich zu fragen, welche grossen Ziele du mit relativ geringem Aufwand erreichen kannst.

Prüfungen bestehen

Prüfungen sind schwierige oder auch ganz alltägliche Situationen, in die Allah uns steckt, in denen wir uns entweder für die Dunya oder die Achira entscheiden müssen. Sind wir absolut aufrichtig mit Allah? Oder sind wir verbittert und fragen uns ärgerlich, warum uns das passieren muss? Lehnen wir ab, was Allah für uns will?

Der Prophet, Sallallahu alaihi wa sallam, hat sinngemäss gesagt: „Die Sache des Muslims ist wunderbar. Alle seine Angelegenheiten sind gut für ihn, und dies ist bei niemandem so ausser dem Muslim. Wenn ihm etwas Schlechtes widerfährt, ist er geduldig, und dadurch wird es gut für ihn, und wenn ihm Gutes widerfährt, ist er dankbar, und dadurch wird es gut für ihn." (Sahih Muslim)

Beabsichtige, wenn du durch Allah geprüft wirst
- geduldig zu sein,
- Allah zu danken und Alhamdulillah zu sagen,
- absoluten Ichlas mit Allah zu haben
- und herauszufinden, wie dir Allah mit dieser Prüfung helfen will. Was musst du ändern?

GLOSSAR

Adab. Das gute Benehmen.

Adhan. Gebetsruf vor dem Gemeinschaftsgebet.

Achira. Das Leben im Jenseits, das kein Ende hat. Die einen im Paradies, die anderen im Feuer.

Aqida. Die Glaubensinhalte des Islams:
- Der Glaube an Allah
- Der Glaube an die Engel und die Dschinn
- Der Glaube an die Propheten
- Der Glaube an die Offenbarungen
- Der Glaube an den Jüngsten Tag
- Der Glaube an Allahs Vorauswissen und die Verwirklichung dieses Vorauswissens durch Allah

Aurah. Die Aurah ist der Bereich des Körpers, den man anderen nicht zeigt und der während dem Gebet durch

Kleider bedeckt sein muss. Wenn während dem Gebet im Sudschud das T-Shirt zu kurz ist und den unteren Rücken frei gibt, so ist das Gebet nicht gültig. Die Aurah ist bei Mann und Frau anders.

Baia. Der Treueschwur, den die Sahaba in Aqaba dem Propheten geleistet haben, Sallallahu Alaihi wa Sallam, heisst auf Arabisch Baia.

Baraka. Ein Zuwachs an Segen, den Allah denjenigen gibt, die Er liebt. Ein Beispiel: Wenn es in Geld Baraka hat, reicht das Geld weit und man kann viel Gutes damit bewirken. Geld ohne Baraka rinnt einem durch die Finger.

Dhikr. Das Gedenken an Allah durch die Wiederholung Seines (oder Seiner) Namen, mit der Zunge und mit Hudur al-Qalb. Das Gegenteil von Dhikr ist Ghaflah, Achtlosigkeit gegenüber Allah.

Dschamat. Eine Gruppe von Muslimen, die eine Gemeinschaft bilden und zum Beispiel gemeinsam das Gebet verrichten.

Dschinn. Geistwesen. Die Dschinn müssen wie wir Menschen nach dem Tod Rechenschaft ablegen. Auch unter den Dschinn gibt es Muslime und Nicht-Muslime.

Dua. Das Bittgebet. Es gibt Bittgebete im Quran, und es gibt Bittgebete des Propheten, Sallallahu alaihi wa sallam, in den Hadith. Bittgebete können frei und in jeder Sprache formuliert werden.

Dunya. Die Dunya ist das Diesseits und die Achira ist das Jenseits.

Fard Kifaya. Pflicht, die Allah der Gemeinschaft auferlegt hat. Wenn jemand sie erledigt, ist es ok. Wenn niemand sie erledigt, haben alle gesündigt.

Ghusl. Ganzkörperwaschung, um den Zustand der grossen rituellen Unreinheit aufzuheben. Lerne die Details dazu in deiner Madhab.

Hudur al-Qalb. Wenn das Herz während einer Ibadat bei Allah ist.

Ibadat. Die Gottesdienstlichen Handlungen, wie das Gebet, das Fasten, die Zakat, die Hadsch, Dhikr, Sadaqa, Quran lesen etc.

Ichlas. Aufrichtigkeit.

Imam. Anführer im Gebet, oder der Muslime insgesamt als Kalif.

Iqama. Zweiter Gebetsruf innerhalb der Moschee, der den unmittelbaren Beginn des Gemeinschaftsgebets ankündigt. Die Muslime stellen sich während dem Iqama in Reihen auf.

Itikaf. Das Zurückziehen in die Moschee, auch wenn nur für eine kurze Zeit. Dies wird vor allem während dem Monat Ramadan praktiziert.

Madhab. Es gibt vier Fiqh-Schulen: Schafi, Hanafi, Maliki und Hanbali. Alle sind richtig. Wähle eine, lerne sie, und folge ihr in allem was du kannst, möglichst ohne Ausnahme.

Makr Allah. „Sind sie denn sicher vor dem Plan Allahs? Aber niemand kann sich vor dem Plan Allahs sicher fühlen, ausser dem Volk der Verlierenden." (Quran, Surah 7, Ayah 99)

Makr Allah für den Nichtmuslim ist, wenn er zufrieden ist mit sich selbst während er auf dem Weg ins Feuer ist. Makr Allah für den Muslim ist, wenn er anstatt etwas zu tun, was ihm in der Achira etwas bringt, sich mit Dingen beschäftigt, die ihm nichts bringen.

Miswak. Ein an einem Ende zerkauter Zweig des Zahnbürstenbaums, mit dem die Zähne, die Zunge und die Mundhöhle geputzt werden.

Munkar. Das Verwerfliche, Negative, Sünden.

Muraqaba. Über das Herz wachen, Sünden vermeiden.

Mushaf. Ein auf Papier niedergeschriebener oder gedruckter Quran, den man anfassen kann, sofern man Wudhu hat.

Nafs. Das Ego, die Triebseele, das Ich, das immerzu in den Gedanken spricht.

Nur. Licht.

Qalb. Das Herz, das nicht spricht, sondern fühlt. Dort ist die wahre Absicht, dort schaut Allah hin.

Quran. Das Buch Allahs, über den Engel Gibril dem Propheten Muhammad offenbart, Sallallahu alaihi wa sallam. Der Quran ist bis heute unverändert erhalten und kann nicht verändert werden.

Riba. Zins, wobei die Bedeutung von Riba über Zins hinausgeht. Riba ist eine schwere Sünde. Es ist deshalb wichtig dieses Thema gründlich zu lernen.

Sallallahu alaihi wa sallam. Der Segen und der Friede Allah seien mit ihm.

Schahada. Das Glaubensbekenntnis des Islams: Aschhadu an la ilaha illallah, wa aschhadu anna Muhammad ar-rasul Allah. Ich bezeuge es gibt keinen Gott ausser Allah, und ich bezeuge, dass Muhammad der Prophet Allahs ist.

Scheich. Spiritueller Führer auf dem Weg zu Allah.

Sudschud. Niederwerfung im Gebet, wenn die Stirn und die Nase den Boden berühren. Was verpassen Leute, die dies nie in ihrem Leben machen durften, in Ergebenheit, Dankbarkeit und Liebe Allah gegenüber.

Sunnah. Was der Prophet Muhammad, Sallallahu alaihi wa sallam, unser Beispiel, getan oder gesagt hat. Die früheren Generationen haben uns die Sunnah in den Hadith überliefert.

Tadschwid. Die Wissenschaft vom korrekten Rezitieren des Qurans.

Tahadschud. Ein freiwilliges Gebet, zu dem man in der Nacht aufsteht.

Taqwa. Gottesfurcht, Furcht vor der absoluten Macht Allahs, und Furcht Seine Verbote zu übertreten.

Tasbih. Gebetskette, meist mit 33, 99 oder 100 Holzperlen. Es gibt auch Tasbihs aus den Glasperlen, die europäische Sklavenhändler nach Afrika gebracht haben.

Tauba. Die Bitte um Vergebung mit Reue gegenüber Allah.

Ulama. Die Gelehrten. Plural von Alim.

Ummah. Die Gemeinschaft der lebenden und der verstorbenen Muslime, vom ersten bis zum letzten.

Wilayat ul-Chassah. Spezielle Freundschaft mit Allah.

Wudhu. Rituelle Waschung vor dem Gebet.

Zuhd. Alles sein lassen, was dich von Allah entfernt. Zuhd ist eine Art islamischer Minimalismus. Der Zahid praktiziert Zuhd. Auch ein reicher Muslim kann ein Zahid sein.

BIBLIOGRAFIE

Tafsir al-Quran al-Karim. Muhammad Rassul, Islamische Bibliothek.

Dalail al-Chairat. Imam Muhammad Dschazuli, Dar al-Fath.

Sahih al-Buharyy. Imam al-Buchari, Islamische Bibliothek.

Kitab an-Niyat. Al-Habib al-Aydarus, Guidance Media.

Riyad us-Salihin. Imam Nawawi, SKD Bavaria.

Kitab al-Adhkar. Imam Nawawi, Turath Publishing.

Ihya Ulum ud-Din. Abu Hamid al-Ghazali, Serenity Productions.

Ein Tag mit dem Propheten. Ahmad von Denffer.

FULAN BIN FULAN

Fulan Bin Fulan ist ein Pseudonym. Die Autorin oder der Autor dieses Büchleins möchte nicht erkannt werden, um die Absicht rein zu halten, aufrichtig für Allah alleine.

Das diesseitige Leben ist ein Test. Diese Welt ist das Saatfeld für das Leben nach dem Tod. Die einen im Paradies, die andern im Feuer. Der absolut Aufrichtige mit Allah lässt alles sein ausser Allah, aus Angst einen Moment seines Lebens für etwas zu verschwenden, was ihn Allah nicht näherbringt.

Wieviel Zeit verschwende ich mit Sachen, die mir nichts bringen ausser Vergnügen in dieser Welt. Ich habe selber ein Buch über die Absicht am nötigsten. Ja, manchmal bemerke ich, dass ich mich freue, wenn mich jemand wegen meinen Idabat respektiert. Die meisten Verunreinigungen in meiner Absicht bemerke ich wahrscheinlich nicht einmal. Was bleibt übrig, wenn ich nach dem Tod vor Allah stehe? Eine gefüllte Waagschale mit schlechten Taten, Liebe zum schönen Leben in dieser Welt und Faulheit bei den Ibadat. Meine einzige Hoffnung ist, dass Allah mir vergibt.

Allah hat mich trotz meinen Fehlern zu Seinen Freunden geführt. Ich habe beste Vorbilder, und was mache ich daraus? Was antworte ich, falls Allah zu mir sagt: „Fulan, Ich habe dich gelehrt wie du dein Herz reinigen kannst. Warum hast du es nicht getan?" Ja, warum nicht. Weil mir ein paar schöne Schuhe wichtiger sind als Dhikr.

Wie viele Gelegenheiten will ich noch verpassen? Ich brauche dieses Büchlein für mich selber, um meine Absichten zu korrigieren. Es ist die reine Güte Allahs, dass jeden Tag neue Gelegenheiten auf uns zukommen.